GW01606325

GAS

BIJOUX

✷

www.assouline.com

Dépôt légal : 1er semestre 2010

ISBN : 978 2 7594 0560 2

Photogravure : Planète Couleurs (France)
Imprimé par Grafiche Milani (Italie)

Achevé dimprimer : juin 2010

ÉLODIE BAËRD

ASSOULINE

Été 1969. Le monde a soif de rêve et de liberté : les Beatles chantent "Come together" ; les hippies du monde entier se rassemblent à Woodstock ; Neil Armstrong est le premier homme à poser un pied sur la Lune. André Gas, lui, ne cherche pas à décrocher la lune mais, sous le soleil chaud de Saint-Tropez, il commence à croire à sa bonne étoile.

Ce jeune Marseillais vient de finir ses études aux Beaux-Arts de Paris. Il possède un bon coup de crayon, un œil averti pour le modelage, mais la peinture et la sculpture ne l'épanouissent pas totalement. Il s'est cependant découvert une passion brûlante et un don certain pour la gravure. Il aime rester la nuit dans les locaux de l'école à griffer, tailler, graver des plaques de métal avec tous les outils qui lui tombent sous la main. "Quand le directeur, François Bret, voyait une lumière encore allumée dans l'atelier de gravure, il savait que c'était moi et que j'avais un double des clefs, mais fermait les yeux", se souvient-il.

Le public s'intéresse déjà aux créations de cet étudiant exposées à la galerie Nicaise, boulevard Saint-Germain. Cependant, André se sent à l'étroit dans ce costume d'artiste. Il aime créer, assurément, mais se pose des questions sur ce "métier", sur la nécessité

Vue sur la baie de Marseille, depuis la maison atelier.

d'exposer son travail… et sur lui-même. C'est finalement dans sa région d'origine, sur la route de Pampelonne, loin du tumulte parisien, qu'il trouve, en cet été 1969, la réponse.

Au volant de sa 2 CV (son seul bien de l'époque), André Gas part à la conquête de Saint-Tropez, avec quelques trésors sur la banquette arrière. Le bijou, voilà son mode d'expression ! Les gris-gris africains rapportés de son voyage à Dakar lui inspirent ses premières créations. Avant tout le monde, André détourne ces talismans en bracelets *charms* et part à la rencontre de son public sur les plages mythiques de la Côte d'Azur. La ville de Brigitte Bardot, Françoise Sagan et Roger Vadim, du Club 55 et de la Voile Rouge lui apporte le succès. Alors que le mouvement Peace&Love bat son plein, ses bijoux porte-bonheur répondent parfaitement au vent de spiritualité qui souffle sur ces années-là. Sur la plage, les villas ou les yachts, les jolies filles et la jet-set tropéziennes sont folles des bijoux Gas.

Sans le savoir, avec son imagination, son énergie et sa rigueur, André est en train d'écrire les premiers mots de la saga Gas Bijoux. Et les choses prennent vite une tournure sérieuse : ses colliers et bracelets sont vendus dès la première année aux Dames de France (futures Galeries Lafayette).

Devant cet engouement, il décide d'ouvrir en 1971, avec l'une de ses premières collaboratrices, Ève (toujours à ses côtés aujourd'hui), une boutique à Saint-Tropez. Il s'installe, quelques années plus tard, place de la Garonne : une des plus belles et des mieux situées de la ville – là où aujourd'hui toutes les marques de luxe se

André Gas dans la maison atelier de Marseille, aux côtés d'Olivia Richardson, artisan ouvrière.
© Gas Bijoux/Sandrine Alouf.

battent pour accrocher leur enseigne. Cette place en or, acquise sur une bonne intuition, confère à la marque une vitrine sur le monde. Passage obligé des estivants tropéziens, ce lieu est devenu “mon vaisseau amiral”, affirme aujourd’hui le créateur.

Pour qui a visité son fief marseillais, André Gas dispose d’un autre trésor : sa “maison atelier”. Riche des mille et une matières qui débordent des tiroirs, c’est une véritable ruche où chaînes, *charms*, perles, sequins et strass du monde entier sont entreposés. Riche également de l’or qu’a dans les mains la cinquantaine d’artisans et d’ouvriers qui façonnent, souvent depuis des années, tous les bijoux de ce créateur insatiable et charismatique.

André Gas a acquis cette bâtisse accrochée aux rues pentues du Roucas Blanc, sur les hauteurs de Marseille, au début des années 1970. La vue sur la ville et la Méditerranée y est imprenable et, en levant les yeux, on aperçoit Notre-Dame de la Garde qui veille sur la maison. Il s’installe ici avec sa femme et ses deux enfants, Marie et Olivier.

Au départ, l’artiste établit son atelier au grenier. Le succès venant, les bijoux envahissent l’étage du dessous, puis les ailes, pour finalement occuper aujourd’hui toute la maison, et même quelques bâtiments mitoyens rachetés au fur et à mesure. Ses enfants se souviennent encore du bruit des perles qui roulaient sur le plancher au-dessus de leur chambre ou de la polisseuse qui marchait tard le soir, quand ils étaient dans leur lit.

La marque Gas Bijoux a grandi dans ces murs, portée par une ambiance familiale, toute méditerranéenne. Nombre d’artisans

y travaillent depuis toujours, certains de mère en fille ou de père en fils.
André Gas vit et travaille toujours là. Il surveille personnellement chaque pièce qui sort de l'atelier. Il vérifie du bout des doigts le velouté d'un émaillage, gratte une boucle d'oreille pour s'assurer de la qualité des strass, déplie un sautoir pour juger de ses bonnes proportions... Rien ne sort de l'atelier sans qu'André soit totalement satisfait – "et ce n'est pas une mince affaire", s'amuse son entourage.
Toutes les petites mains qui l'entourent apportent leur contribution. Il y a celles qui peignent sur métal, celles qui collent minutieusement des strass, celles qui réalisent le montage, celles qui percent, celles qui polissent, celles qui font les bains de plaquage... Mille métiers sous un même toit qui donnent vie aux créations de l'artiste. André Gas veille sur ce petit monde en vrai chef d'orchestre, avec son accent ensoleillé, sa gouaille et son infatigable entrain. Il est très attaché à Marseille, la ville où il est né, où il a vu ses enfants grandir et sa marque se développer. Mais, régulièrement, il a besoin de partir pour trouver l'inspiration, un peu partout dans le monde.

Quitter Marseille pour mieux y revenir. André n'est pas homme à créer assis à une table, à attendre que l'inspiration lui tombe dessus. Il a besoin de voir le monde, parcourir les villes, regarder les gens dans la rue, flâner dans les marchés populaires, observer le quotidien des gens à mille lieues du sien...
Tous les voyages le nourrissent et toutes les cultures le fascinent : des *flea markets* de New York aux marchés mexicains d'Oaxaca,

CHANEL
CRISTAL
DIVERS PERLES
ECHANTILLONS
ELEMENTS ARGENT
CORAIL
ECAILLE
ECAILLE ANNEAUX
CUIVRE ANNEAUX
ÉCAILLE
JAUNE/ORANGE
CUIVRE
TAXI
LAITON/OR
MARRON
CHAINE ARGENT
CHAINE BRONZE
BOIS
TURQUOISE PLAQUES
PIRATES
VERT
PLAQUES
NOIR
OR/

des églises de Colombie aux bazars de Jaipur, des plages du Brésil aux antiquaires de Bohême, des villages du Sénégal à la splendeur historique de Carthagène. Il en revient avec mille images gravées dans sa mémoire qui rejailliront un mois ou dix ans plus tard, sous forme de boucles d'oreilles multicolores, de bracelets *vintage* ou de colliers talismans.

De ses pérégrinations, il rapporte également des brassées de matières : des cabochons de pierre, des chaînes anciennes, du corail, des croix en Plexiglas, des filigranes en argent noirci, des gris-gris en bois, des liens tressés, des perles de verre, de la turquoise... Pour lui, les matériaux ne sont jamais aussi beaux que lorsqu'on va les trouver à la source, dans des adresses confidentielles ou sur les marchés aux puces. L'acétate en Italie, les cristaux en Tchécoslovaquie, le métal fondu en Tunisie, la nacre aux Philippines... La qualité y est irréprochable et la finition se distingue de la standardisation industrielle actuelle.

Au fil du temps, ce sens du détail est devenu le signe de reconnaissance de la marque. Tant mieux, donc, si les perles ne sont pas parfaitement rondes, les facettes des strass un peu irrégulières et les couleurs pas toujours uniformes : les bijoux y gagneront en caractère et en glamour.

Rendre leur noblesse à des matériaux habituellement considérés comme populaires a toujours été la préoccupation principale des plus grands créateurs de bijoux de mode. Coco Chanel la première (qui adorait porter des sautoirs en fausses perles et des manchettes en strass et Bakélite) a largement

Assemblage de différents anneaux pour le montage du collier *Bazar*.
© Gas Bijoux/Sandrine Alouf.

contribué à rendre désirables les bijoux fantaisie, qu'elle surnommait ses "somptueux faux".
Christian Dior, Jacques Fath, Paul Poiret, Elsa Schiaparelli... Tous, avec une certaine dose de créativité et d'audace, ont su transformer n'importe quel métal en or. Un peu plus tard, de l'autre côté de l'Atlantique, Kenneth Jay Lane et ses *Costume Jewellery* tournaient la tête d'Audrey Hepburn, de Jackie Onassis et d'Elizabeth Taylor. Perles et cristaux deviennent aussi chics et élégants que diamants et platine. Le bijou sort de son carcan d'atours précieux, pour devenir une parure ancrée dans l'air du temps.
Et, dès le départ, les créations d'André Gas s'inscrivent dans cette philosophie. Célébrer le faux, le vrai faux, la fantaisie d'exception. En passant de la sculpture aux bijoux, il ne renie rien de sa fibre artistique, comme l'ont prouvé avant lui de nombreux artistes. De Pablo Picasso à Salvador Dalí, de Louise Bourgeois à Jean Cocteau, d'Alexander Calder à Alberto Giacometti, les plus grands ont trouvé dans le bijou un terrain d'expression intime.

Le projet d'André Gas a cependant quelque chose de précurseur, à une époque (les années 1970) où la bijouterie accessible se résume essentiellement aux pièces ethniques que les femmes rapportent d'Afrique, d'Amérique latine ou d'Inde. Un temps qui paraît aujourd'hui lointain devant la multitude des marques de fantaisie.
Quarante ans plus tard, Gas Bijoux reste une Maison à part, fruit d'une alchimie entre l'esprit créatif d'André et le savoir-faire des artisans qu'il emploie. À l'heure où la majorité des marques choisit de produire à l'étranger, l'atelier Gas Bijoux fait figure d'exception

en fabriquant à la main, en France, tous ses bijoux. À Marseille, des centaines de pièces sont façonnées chaque jour, souvent en séries limitées, voire en édition unique, en fonction des inspirations d'André et de ses envies. Les femmes ne trouveront pas les mêmes modèles d'une ville à l'autre. Un peu comme si André Gas voulait s'adresser à chacune d'entre elles, les comprenant et devinant que celle de Paris n'aura pas les mêmes tentations que celle de Milan, New York ou Saint-Tropez.
De fait, une organisation particulière s'est mise en place : pas de collections deux fois par an comme l'impose la mode, ni de catalogue pour les détaillants ou de participation aux salons professionnels. Les collections se construisent au jour le jour, en fonction des idées et des désirs.

Malgré ce fonctionnement insolite, Gas Bijoux s'est construit une renommée internationale. Ses créations ensoleillées et son univers sensuel font désormais rêver des milliers de femmes : les pionnières des années 1970 accros aux bijoux porte-bonheur, suivies par les extravagantes se ruant sur les boucles d'oreilles *Byzance*, pavées de cabochons multicolores ; les rebelles tendance spirituelle adeptes du long pendentif cristal de roche au début des années 1980 ; puis les ethniques chics, fans du sautoir *Éléphant* en ébène et résine, ou les éternelles rêveuses s'accrochant autour du poignet le bracelet de corail *Bora Bora* dans les années 1990 ; sans oublier les *fashion addicts* convoitant les boucles d'oreilles en résine colorée et strass *Ronita*, les fans enchantées de retrouver certaines rééditions, comme les fameuses boucles d'oreilles *Bagues*, les urbaines cosmopolites portant comme un talisman les arabesques

du motif *Diva*, et toutes les romantiques superstitieuses qui accumulent les bracelets gris-gris…
À force de passion et de détermination, Gas Bijoux est devenue une vraie Maison, avec une dizaine de boutiques, des centaines de détaillants dans quarante pays, un parfum, un restaurant, des *people* à la une des magazines portant fièrement les créations de la marque…
Madame Lukès, fournisseur en pierres et perles de maisons de haute couture, aurait pu le prédire – elle qui disait de cet homme à l'inventivité foisonnante qu'il était avant tout "un travailleur". Et, encore aujourd'hui, André demeure toujours fidèle à cette fable de Jean de La Fontaine, "Le Laboureur et ses enfants", qui finit ainsi : "Le travail est un trésor."

Depuis le milieu des années 1990, avec l'arrivée des enfants dans l'aventure, Gas Bijoux a pris de l'ampleur. Ensemble, ils forment un trio complémentaire où chacun reconnaît et valorise les talents de l'autre.
Marie Gas joue les muses et a pris en charge la direction artistique. Elle inspire des idées à André qui les traduit et les concrétise. Olivier Gas, de son côté, s'occupe du développement et a impulsé la dimension internationale à cette entreprise un peu bohème.
"J'avais une fusée, mes enfants l'ont boostée et nous sommes allés sur la lune", confie André Gas.

Vue de la maison atelier, à Marseille.
© Gas Bijoux/Sandrine Alouf.

GAS

GAS

50 ans d'histoire®
SAINT-TROPEZ
ES ANNEES
MYTHIQUES
LACIER
Collector
rench / English
A 50 year History
f St-Tropez

Ensoleille moi

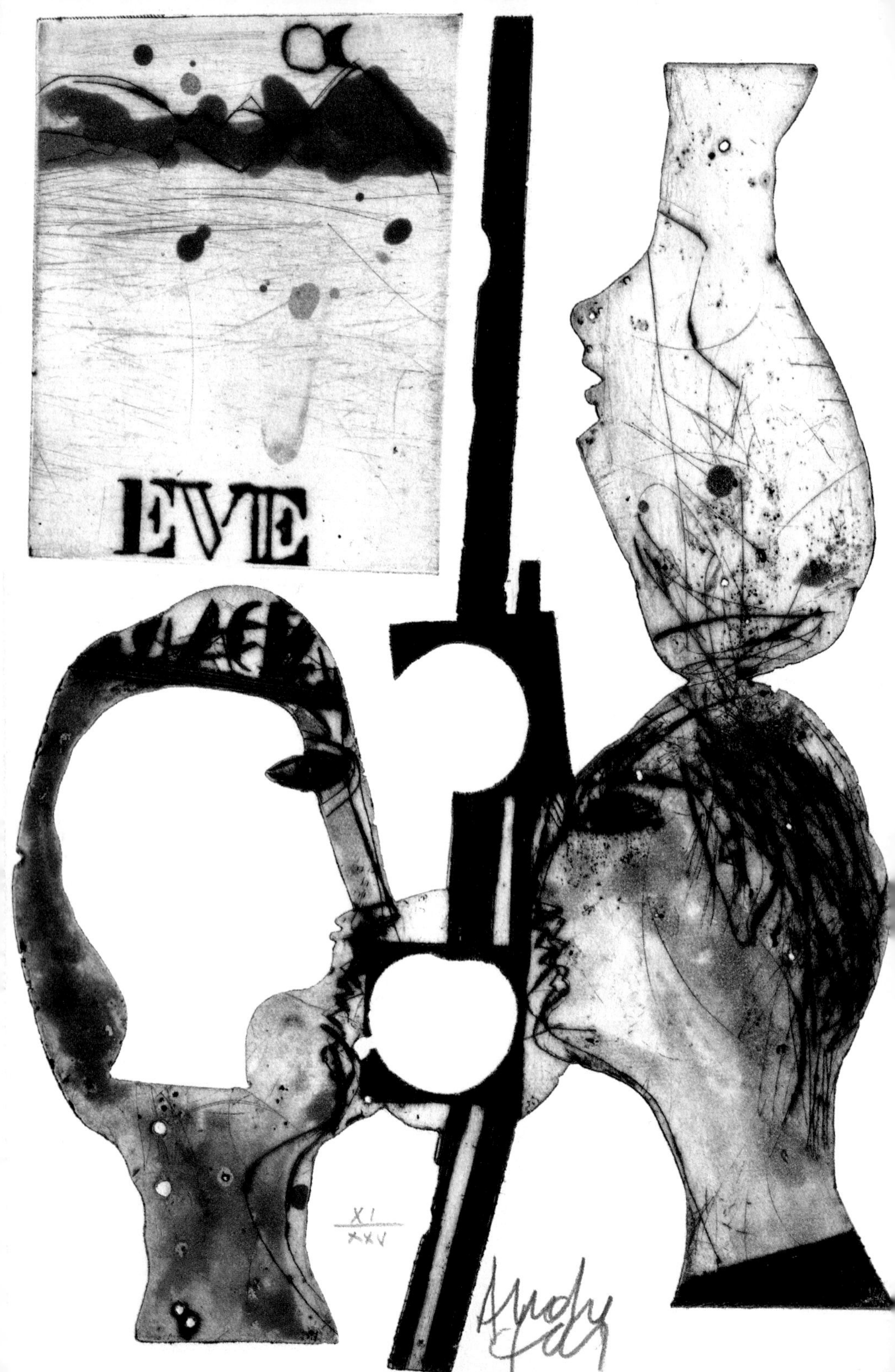
EVE
XI
XXV

GAS
B. I. J. O. U

ies 92 GAS Bijoux

TENDANCE
ÊTRE CLASSIQUE
C'EST MODERNE
SECRETS
DE FAMILLE
FRÉDÉRIC
BEIGBEDER FACE
À SA MÈRE
HOME
MADE
100%
fait main !
RIO
HÔTELS
MADRID
L'esprit de famille,
c'est le luxe ultime
Les Kennedy :
la saga continue
JE SUIS RONDE
ET JE VEUX
UN JEAN BLANC !
BEAUTÉ-FORME

CLIO
CHOISIT
SAINT
LAURENT
MODE
BEAUTÉ
DÉCO
TRAITEURS
RESTOS
BARS
FLEURISTES...
MEILLEURES
ADRESSES
LA RÉDACTION

soleille

-GAS-
B I J O U X

le plus jolie magazin d'assescoires qu'on
ne peut pas louper quand on vient à
St. Tropez !
bises,

GAS
BIJOUX
TROPEZ

GAS
BIJOUX

GAS
high
Chibi's Bar

GAS
BIJOUX
GAS
BIJOUX
GAS
BIJOUX
BIJOUX
GAS

Maxx Art Gallery
GAS
V8 TITAN

Repères chronologiques

1965 : André Gas intègre l'École nationale supérieure des Beaux-Arts de Paris, dans l'atelier Gravure dirigé par Lucien Coutaud – dont il sortira major en gravure.

1966 : Les premiers bijoux d'André Gas sont vendus aux Dames de France.

1969 : Naissance de la griffe Gas, avec la tournée des plages de Saint-Tropez.

1970 : La première boutique de bijoux et accessoires ouvre à Saint-Tropez.

1972 : Naissance de la maison atelier au Roucas Blanc, sur les hauteurs de Marseille.

1984 : Ouverture d'une boutique place de la Garonne, à Saint-Tropez.
La première montre Gas Bijoux voit le jour et la Maison trouve son emblème : l'étoile.

1985 : Début de l'aventure américaine : Gas Bijoux est une des premières marques de bijoux fantaisie françaises à s'implanter aux États-Unis – sur Madison Avenue, à New York.

1986 : Ouverture d'une boutique à Gênes, en Italie.

1988 : Ouverture du premier showroom au cœur de Saint-Germain-des-Prés.

1993 : La première vitrine parisienne s'installe rue Étienne-Marcel.

1997/1999 : Marie et Olivier Gas rejoignent leur père au sein de Gas Bijoux.

1998 : Nouvel écrin dans le quartier Vendôme, rue Danielle-Casanova.

2001 : Ouverture d'une boutique à New York, dans le quartier de NoLIta.

2004 : Ouverture de la boutique marseillaise, rue Paradis.

2006 : Lancement du parfum *Ensoleille Moi*.

2007 : Ouverture de deux nouvelles boutiques dans des quartiers prestigieux : à Brera (Milan) et avenue George-V (Paris) – une boutique conceptualisée par la designer danoise Helle Damkjær.

2008 : La maison Gas ouvre un restaurant à Marseille, le Café Populaire.

2009 : Ouverture de la deuxième boutique new-yorkaise, dans l'Upper West Side.
Gas Bijoux fête ses quarante ans en rééditant ses pièces mythiques.

2010 : Lancement des bougies de la maison Gas, baptisées "Or", "Cuivre" et "Argent".

Ciel de Saint-Tropez.
© Blaise Reutersward.

Différentes étapes de fabrication artisanale des bijoux.
Photographies prises dans l'atelier Gas Bijoux de Marseille.
© Gas Bijoux/Sandrine Alouf.

Pêle-mêle de souvenirs, pour l'étude de rééditions des pièces mythiques de la marque, à l'occasion de ses quarante ans. Photos de Saint-Tropez : © Blaise Reutersward, © Robert Ayache ; photo de la barque : © Gas Bijoux/Sandrine Alouf ; photos de l'atelier et de famille : © Corinne Malet.

André Gas pendant sa tournée des plages de Saint-Tropez, en 1969.
© Presseport.
Brigitte Bardot et Gunther Sachs à Saint-Tropez, en 1966.
© Luc Fournol/Photo 12.

Jeune femme dans un hamac : une image tirée de ***La Légende de Saint-Tropez*** d'Henry-Jean Servat (préfacé par Brigitte Bardot), Assouline, 2003.
© James Andanson/Sygma/Corbis.
Couverture de ***Saint-Tropez, 50 ans d'histoire***, 2004.
© Presstrop, avec l'aimable autorisation d'Éric Tognolli.

Sur la plage, le bar-restaurant-boîte de nuit La Voile Rouge de Saint-Tropez, le 15 août 1970. © Rue des Archives/AGIP.
Flacon *Ensoleille Moi*, un parfum-bijou mêlant l'absolu tiare au mythique monoï, 2006.
© Blaise Reutersward.

Gravure d'André Gas parue dans *Adam et Ève* d'André de Richaud (Les Impénitents, 1968).
© André Gas.
Détail d'un matériau photographié dans l'atelier.
© Gas Bijoux/Sandrine Alouf.

Portrait d'André Gas dans la maison atelier de Marseille, vers 2005.
© Robert Ayache.
Vitrine de la boutique Gas Bijoux de Saint-Tropez, 1984.
© Gas Bijoux.

Serge Gainsbourg et Jane Birkin présentant des créations de Nino Cerruti dans leur appartement parisien de la rue de Verneuil, en 1969. Photographie de Nicolas Tikhomiroff. © Nicolas Tikhomiroff/Magnum Photos.
Collier 69: plaque de nacre et strass, 2009.
© Gas Bijoux/Matthieu Deluc.

Boucle d'oreille *Éventail*: une pièce en résine métallique recouverte d'émaux et de cristaux rééditée à l'occasion des quarante ans de la maison Gas, en 2009.
© Gas Bijoux/Matthieu Deluc.
Robe en jersey et ceinture en corde Just Cavalli; **boucle d'oreille *Moon***. Le mannequin Barbara Fialho photographié par Elisabeth Toll pour le magazine *Femmes*, juillet-août 2008. © Elisabeth Toll/*Femmes* magazine/Prisma Presse.

***His Hair Flows Like a River*, œuvre du célèbre peintre amérindien, T. C. Cannon** (1946-1978), acquise par André Gas aux États-Unis. © Joyce Cannon Yi, executor of the T.C. Cannon Estate.
Boucle d'oreille *Cheyenne*: pièce composée de plumes métalliques peintes à la main.
© Gas Bijoux/Matthieu Deluc.

Boucle d'oreille *Casal*, photographie parue dans le n° 519 de *Madame Figaro*.
© Andrea Klarin/Figarophoto.com.
Plateau de boucles d'oreilles: pièces de Bakélite surmontées du monogramme-blason.
© Gas Bijoux/Sandrine Alouf.

Pièce unique: le bracelet *Bora Bora* fait d'argent, de corail, et de turquoise avec des pièces romaines, 1990.
© Gas Bijoux/Matthieu Deluc.

Boucle d'oreille *Neige*, 2000. Pièces de filigrane recouvertes de cristaux.
© Gas Bijoux/Matthieu Deluc.
Jennifer Lopez en bijoux Gas. Photographie réalisée pour son deuxième album, *J. Lo*, 2001. © Avec l'aimable autorisation de Sony BMG.

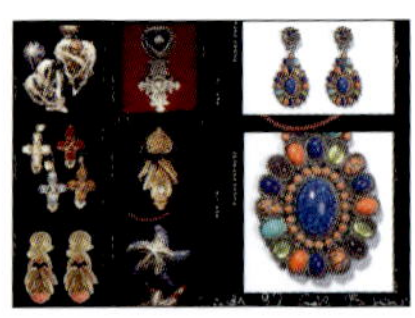

Diverses pièces *vintage*, dont (en gros plan) la boucle d'oreille *Ninon*, 1978, composée de cabochons multicolores – un véritable hymne à l'art byzantin.
© Gas Bijoux/Matthieu Deluc.

Collier *Orlando* : plaque de nacre martelée aux volutes en pierre et cristal, 2010.
© Blaise Reutersward.

***Making-off* de la campagne 2009**, à Saint-Tropez, avec le mannequin Loris Kraemerh (Elite Paris).
© Félicia Rossignol.

Loris Kraemerh (Elite Paris) **porte une accumulation de gris-gris et la boucle d'oreille *Alexandrie*.** Campagne 2009.
© Blaise Reutersward.

Pêle-mêle de coupures de presse traitant de Gas Bijoux.
© Gas Bijoux/Sandrine Alouf.
Boucle d'oreille *Megan* en couverture de *Elle* n° 1862, daté du 14 septembre 1981.
© *Elle* n° 1862, 14 septembre 1981.

Publicité sur lieu de vente pour le parfum *Ensoleille Moi*. Natallia Krauchanka photographiée par Blaise Reutersward.
© Blaise Reutersward.

Gravure d'André Gas parue dans *Adam et Ève* d'André de Richaud (Les Impénitents, 1968).
© André Gas.

Campagne de publicité "La Voleuse", 1996.
© Gas Bijoux/Antonio Capa.

Karen Mulder dans la boutique Gas Bijoux de Saint-Tropez, 1995.
© Charles Palazon.

Saint-Tropez.
© Robert Ayache.

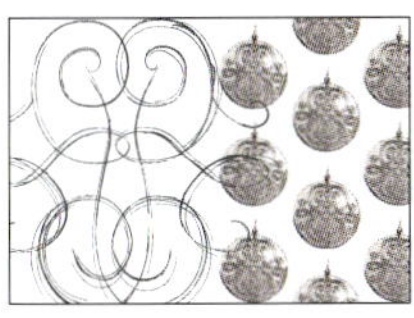

Dessin d'André Gas du monogramme *Diva*.
© André Gas.
Boucle d'oreille *Diva Strass* aux volutes gravées, agrémentées de strass.
© Gas Bijoux/Matthieu Deluc

Les différents logos de Gas Bijoux au fil des années.
© Gas Bijoux/Mathieu Deluc assisté d'Agathe de la Tour.

Gas Bijoux sur Mott Street, à New York.
© Marnie Legrand.

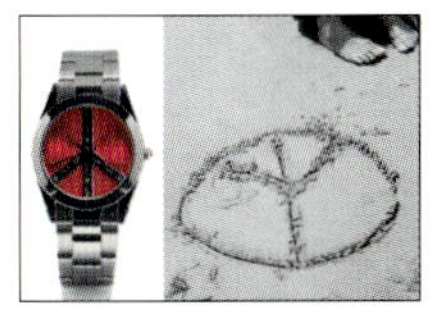

Montre *Peace&Love* dans sa version en édition limitée, dénommée "Woodstock", 2009. © Gas Bijoux/Matthieu Deluc.
Signe de paix tracé sur une plage.
© Image Source/Corbis.

Main d'André Gas vérifiant la qualité du cristal de roche.
© Gas Bijoux/Sandrine Alouf.
Sautoir *Cristal de roche* en cristal de roche, 1982.
© Gas Bijoux/Matthieu Deluc.

Dessin d'inspiration d'André Gas.
© André Gas.
Boutique Gas Bijoux sur Columbus Avenue, à New York.
© Marnie Legrand

Remerciements

La maison Gas tient à remercier la directrice artistique Priscille Neefs pour ses conseils et son esprit créatif, l'atmosphériste Sandrine Alouf pour son temps et sa vision si particulière de la maison atelier, et Charlotte François pour son aide précieuse. Sans omettre toutes les équipes Gas.

L'éditeur tient tout d'abord à remercier la maison Gas, dont Nathalie Verrando et Agathe de la Tour.
Il remercie également tous les photographes qui ont permis d'illustrer ces pages : Sandrine Alouf, Robert Ayache, Matthieu Deluc, Andrea Klarin, Bonnie MacLean, Blaise Reutersward, Nicolas Tikhomiroff et Eric Tognolli. Outre Jane Birkin et les mannequins Barbara Fialho, Loris Kraemerh, Natallia Kraunchanka et Karen Mulder.
Et enfin un grand merci pour leur participation aux recherches iconographiques : Eva Bodinet (Magnum Photos), Djilali Boubekeur, Françoise Carminati et Fabienne Delfour (Corbis), Anne Flageul Créhan (*Madame Figaro*), Nathalie François (*Femmes*), Ana Frazao, Sabine Killinger, Patricia Lejeune, Marilyn Agency (Véronique), Fabienne Martin (Effigies), Colombe de Meurin, Nathan Nishiguchi (Wolfgang's Vault) et Ro Penuliar.